學校 - baba　2
旅行 - baba　5
交通運送 - dadadada　8
城市 - dadaba　10
地形 - dada　14
餐館 - nom nom!　17
超市 - dada nom nom　20
飲料 - dadababa　22
食物 - nom nom!　23
農場 - dadaba　27
房子 - dadaba　31
客廳 - dadadada　33
廚房 - bababa　35
浴室 - bababa　38
兒童房 - meina　42
衣服 - baba　44
辦公室 - baba　49
經濟 - badada　51
職業 - ba　53
工具 - dada　56
樂器 - bababa　57
動物園 - bababa　59
體育 - ba　62
活動 - dadadada　63
家 - dadababa　67
身體 - dadababa　68
醫院 - aua!　72
緊急情形 - aua!　76
地球 - dada　77
鐘錶 - dada　79
週 - babadada　80
年 - dadaba　81
形狀 - dadababa　83
顏色 - dadababa　84
反義詞 - dadadada　85
數字 - dadaba　88
語言 - dadadada　90
誰/什麼/如何 - da / da / da　91
方位 - babababa　92

AF175712

Impressum
Verlag: BABADADA GmbH, Nedderfeld 112 , 22529 Hamburg
Geschäftsführer / Verlagsleitung: Harald Hof
Druck: Books on Demand GmbH, In de Tarpen 42, 22848 Norderstedt

Imprint
Publisher: BABADADA GmbH, Nedderfeld 112 , 22529 Hamburg, Germany
Managing Director / Publishing direction: Harald Hof
Print: Books on Demand GmbH, In de Tarpen 42, 22848 Norderstedt

除
dadadada

186/2

黑板
babadada

教室
ba

校園
bababa

老師
dada

紙
dadadada

書寫
dadaba

筆
dadaba

辦公桌
ba

直尺
baba

書
dadaba

學生
bababa

書包

dadaba

鉛筆盒

dada

鉛筆

bababa

削鉛筆機

dadaba

橡皮擦

baba

畫板

ba

圖畫
bababa

畫筆
ba

顏料盒
dada

剪刀
babadada

膠水
dadaba

練習冊
dadadada

家庭作業
babadada

數字
bababa

加
dadaba

減
bababa

乘
badada

計算
dadababa

字母
babababa

字母表
babababa

字
dada

課文
babadada

讀
dadadada

粉筆
dada

上課
babababa

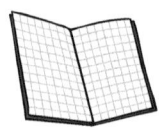
登記
ba

考試
baba

證書
babababa

校服
babadada

教育
babababa

百科全書
dadababa

大學
babababa

顯微鏡
dadababa

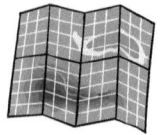
地圖
bababa

廢紙簍
babadada

飯店
babadada

青年旅社
dadaba

外幣兌換處
dadadada

手提箱
dada

汽車
ado

語言
dadadada

是/否
da / meh

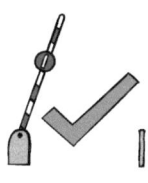

好的
Oh

您好
ba

翻譯人員
dada

謝謝
dada

......多少錢？

bababab

我不明白

ah

問題

dadaba

晚上好！

ba dada

早上好！

babadada

晚安！

heia!

再見

dadaba

方向

badada

行李

dada

包

bababab

背包

bababab

客人

baba

房間

dadadada

睡袋

dadadada

帳篷

dada

旅行資訊
dadadada

海灘
badada

信用卡
babadada

早餐
dadababa

午餐
baba

晚餐
bababa

票
dada

電梯
dada

郵票
babadada

邊界
badada

海關
dadaba

大使館
babadada

簽證
dadaba

護照
dada da da da

飛機
baba

船
dada

消防車
baba

卡車
bababa

公車
babababa

汽艇
dada

腳踏車
dadadada

汽車
ado

渡輪

babadada

小船

baba

機車

bababa

警車

ado

賽車

ado

租車

拼車

dada

拖車

ado

垃圾車

ado

馬達

brumbrum!

汽油

bababa

加油站

dada

交通標識

dadaba

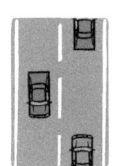

交通

badada

交通堵塞

ado ado

停車場

babadada

火車站

babababa

軌道

dada

火車

dadaba

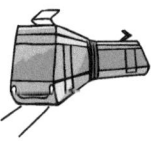

路面電車

baba

客車廂

dadaba

直升機

baba

機場

baba

塔

dadaba

乘客

baba

集裝箱

badada

紙板箱

dada

手推車

baba

籃子

dadadada

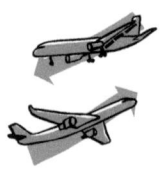

起飛/降落

da / bada

城市

dadaba

村莊

bababa

市中心

dadababa

房子

dadaba

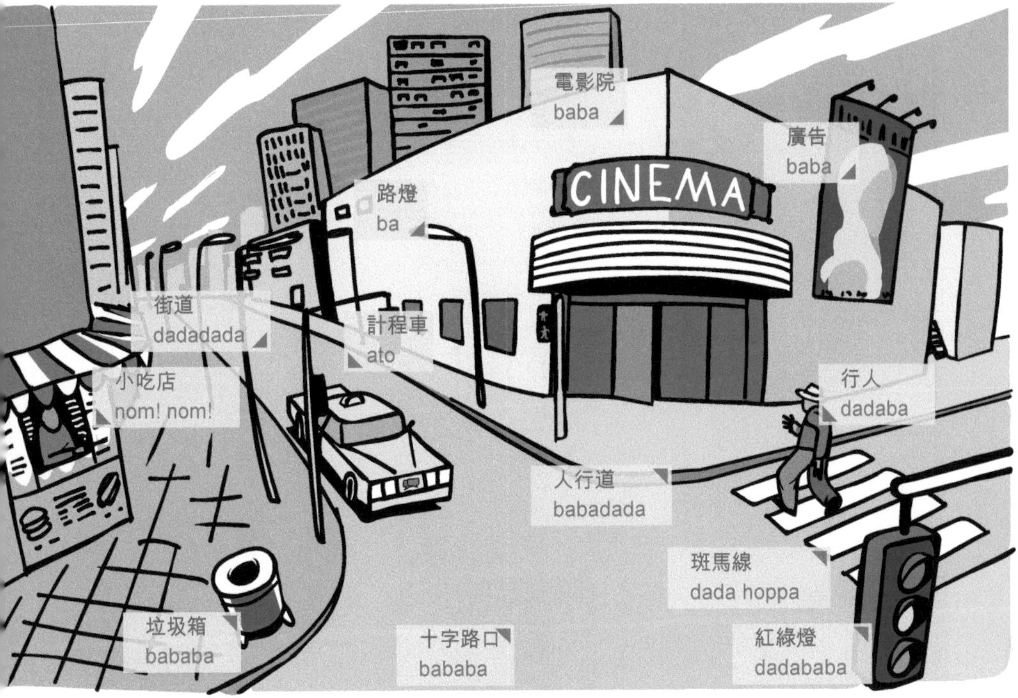
電影院
baba
廣告
baba
CINEMA
路燈
ba
街道
dadadada
計程車
ato
小吃店
nom! nom!
行人
dadaba
人行道
babadada
斑馬線
dada hoppa
垃圾箱
bababa
十字路口
bababa
紅綠燈
dadababa

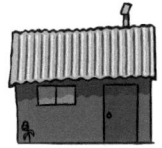

小屋

babadada

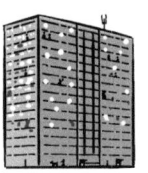

公寓

dadadada

火車站

babababa

市政廳

dadaba

MUSEUM

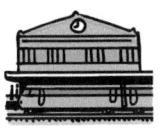

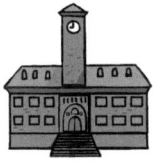

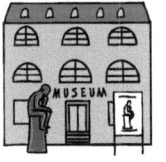

博物館

bababa

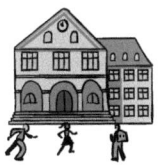

學校

baba

大學
babababa

銀行
dadadada

醫院
aua!

飯店
babadada

藥房
aua!

辦公室
baba

書店
bababa

商店
ba

花店
dadaba

超市
dada nom nom

市場
dadadada

百貨商店
dadadada

魚店
nom! nom!

購物中心
baba

海港
ba

公園
dadadada

長凳
baba

橋
babababa

樓梯
dadadada

捷運
bababa

隧道
baba

公車站
ba

酒吧
babababa

餐館
nom nom!

郵筒
dadaba

路標
dada

停車計時器
baba

動物園
bababa

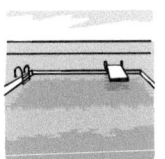

游泳池
dada

清真寺
baba

農場
dadaba

污染
dadababa

墓地
bababa

教堂
ba

操場
dadababa

寺廟
bababa

地形

dada

樹葉
baba

指示牌
baba

路
dada

草地
bababa

石頭
baba

樹
dadababa

徒步旅行
者
dada

河
bababa

草
dada

花
mama!

峽谷
badada

丘陵
bababa

湖
dadadada

森林
dadadada

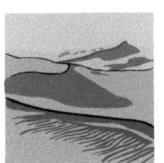

沙漠
dadababa

火山
dadaba

城堡
babababa

彩虹
dadaba

蘑菇
bababa

棕櫚樹
dadababa

蚊子
aua!

蒼蠅
badada

螞蟻
dadababa

蜜蜂
summ summ

蜘蛛
dada

甲蟲

dadaba

青蛙

quak

松鼠

dadababa

刺蝟

dadaba

野兔

baba

貓頭鷹

gackgack

鳥

gackgack

天鵝

gackgack

野豬

babadada

鹿

dadadada

麋鹿

dadadada

水壩

dadadada

風力發電機

ba

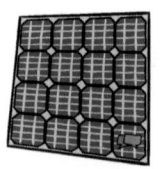

太陽能電池板

dadadada

氣候

bababa

服務生
dadadada

菜譜
baba

椅子
dadaba

湯
nom! nom!

披薩餅
nom nom!

餐具
ba

桌布
babababa

前菜

nom! nom!

主菜

nom! nom!

甜點

nom nom!

飲料

dadababa

食物

nom nom!

瓶子

nom nom!

速食

nom! nom!

街邊小吃

nom! nom!

茶壺

babababa

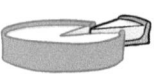

糖盒

nom! nom!

一份飯菜

nom nom!

義式咖啡機

dadaba

高腳椅

bababa

帳單

ba

托盤

bababa

刀

ba

餐叉

babadada

勺子

dadaba

茶匙

bababa

餐巾

dadaba

玻璃杯

ba

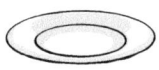

碟子

nom nom!

湯盤

bababa

碟子

bababa

醬

nom! nom!

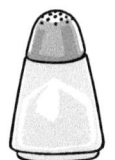

鹽瓶

dadadada

胡椒研磨罐

dadaba

醋

bähbäh

食用油

dadababa

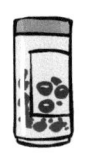

調味料

dadababa

番茄醬

nom! nom!

芥末

nom! nom!

美乃滋

nom nom!

特價
dadababa

顧客
dadaba

乳製品
dadaba

水果
nom nom!

購物車
baba

肉鋪
dadaba

麵包店
nom! nom!

稱重
bababa

蔬菜
bähbäh

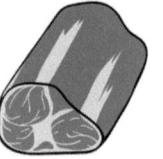

肉
nom nom!

冷凍食品
nomnom

冷盤
nom nom!

罐頭食品
nomnom

洗衣粉
bababa

甜食
baba

日用品
dadaba

清潔用品
dadababa

銷售員
bababa

收銀機
bababa

收銀員
dadaba

購物清單
dada

開放時間
dadababa

錢包
baba

信用卡
babadada

袋子
dadababa

塑膠袋
dadababa

水
wasa

果汁
dadadada

牛奶
badada

可樂
ba

紅酒
bababa

啤酒
dadadada

酒
dadaba

可可
bababa

茶
dadababa

咖啡
dada

義式濃縮咖啡
dadaba

卡布奇諾
dadababa

香蕉

nane

蘋果

nom nom!

柳丁

bababa

西瓜

nom nom!

檸檬

nom nom!

胡蘿蔔

bähbäh

大蒜

bada meh

竹子

dadaba

洋蔥

dadaba

蘑菇

nom nom!

堅果

nom nom!

麵條

nom nom!

義大利麵

nom nom!

米飯

nom nom!

沙拉

nom nom!

薯條

nom nom!

炸馬鈴薯

nom nom!

披薩餅

nom nom!

漢堡

nom nom!

三明治

nom nom!

炸豬排

nom nom!

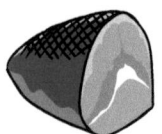

火腿

nom nom!

義大利臘腸

nom nom!

香腸

nom nom!

雞肉

gack gack

烤肉

nom nom!

魚

nom nom!

燕麥片

nom nom!

木斯里

bähbäh

玉米片

nom nom!

麵粉

nom nom!

牛角麵包

nom nom!

麵包捲

babadada

麵包

nom! nom!

吐司

nom nom!

餅乾

nom nom!

奶油

nom nom!

凝乳

nom nom!

蛋糕

nom nom

蛋

dadaba

煎蛋

nom nom!

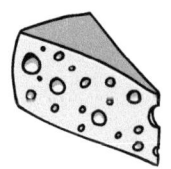

起司

bada muh

冰淇淋

nom nom!

糖

nom nom!

蜂蜜

baba summ

果醬

nom nom!

巧克力醬

nom nom!

咖哩

babadada

農舍
ba

稻草捆
dada

糧倉
dadaba

田野
bababa

馬
hoppa

拖車
dada

拖拉機
bababa

馬駒
dadaba

驢
iaa

羊
mää

羔羊
bebi mää

山羊

baba

奶牛

muh

小牛

mimuh

豬

mama oınk

小豬

oink

公牛

dadadada

鵝

gackgack

鴨

gackquack

小雞

gacki

母雞

gackgack

公雞

gacko

鼠

dada

貓

mau

老鼠

bababa

牛

muh

狗

wauwau

狗屋

wauwau

花園澆水軟管

baba

澆水壺

dadababa

長柄大鐮刀

baba

犁

dadababa

鐮刀

baba

鋤頭

dadadada

長柄草耙

dada

斧頭

bababa

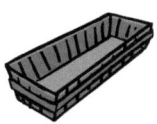

獨輪手推車

babababa

飼料槽

baba

牛奶罐

dada muh

麻布袋

dadababa

柵欄

badada

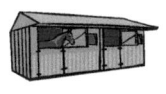

馬廄

dadadada

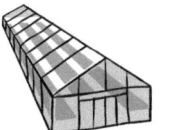

溫室

ba

土壤

babadada

種子

baba

肥料

baba

聯合收割機

dadababa

收割

bababa

收割

dadadada

地瓜

dadaba

小麥

dadababa

大豆

dadababa

土豆

bababa

玉米

badada

油菜籽

bababa

果樹

bababa

樹薯

dadadada

穀物

dadababa

農場 - dadaba

房子

dadaba

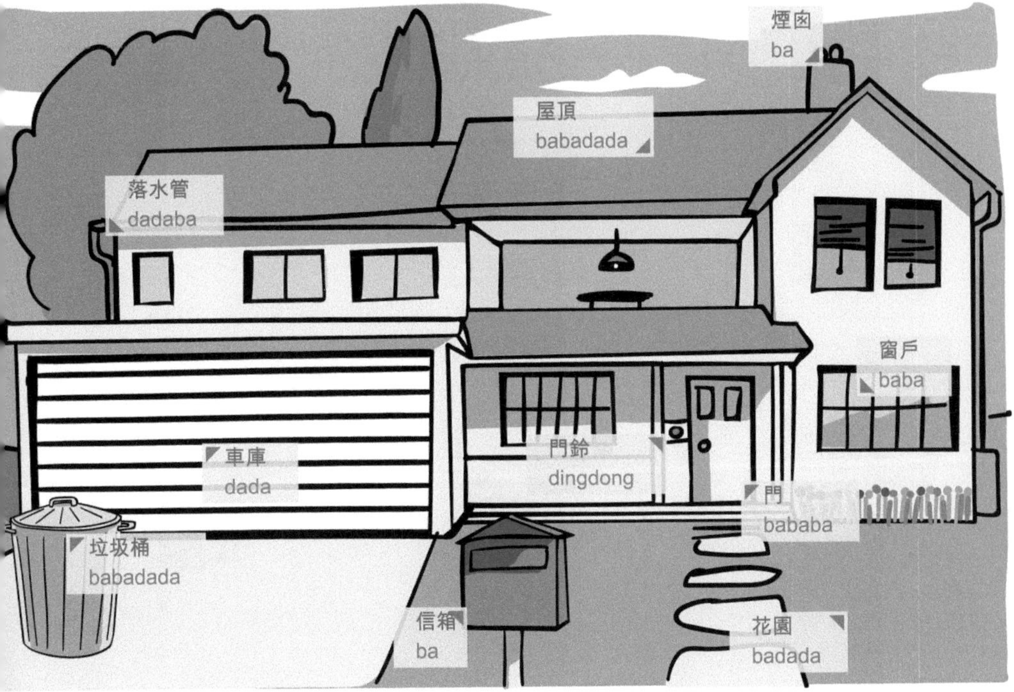

煙囱
ba
屋頂
babadada
落水管
dadaba
窗戶
baba
車庫
dada
門鈴
dingdong
門
bababa
垃圾桶
babadada
信箱
ba
花園
badada

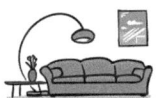

客廳

dadadada

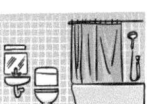

浴室

bababa

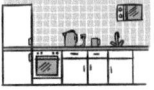

廚房

bababa

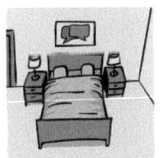

臥室

dadababa

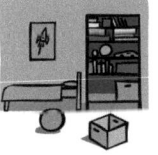

兒童房

meina

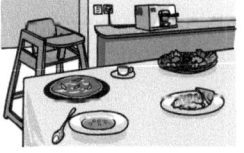

餐廳

dadaba

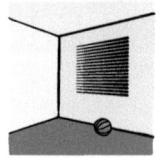

地板

badada

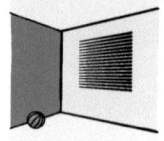

牆壁

dadababa

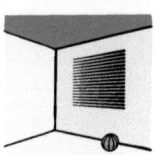

天花板

bababa

地窖

dada

三溫暖

dadababa

陽臺

babababa

露臺

dadadada

游泳池

bababa

割草機

baba

被單

dadaba

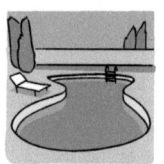

床罩

babadada

床

heia!

掃帚

dada

水桶

dadaba

開關

dadababa

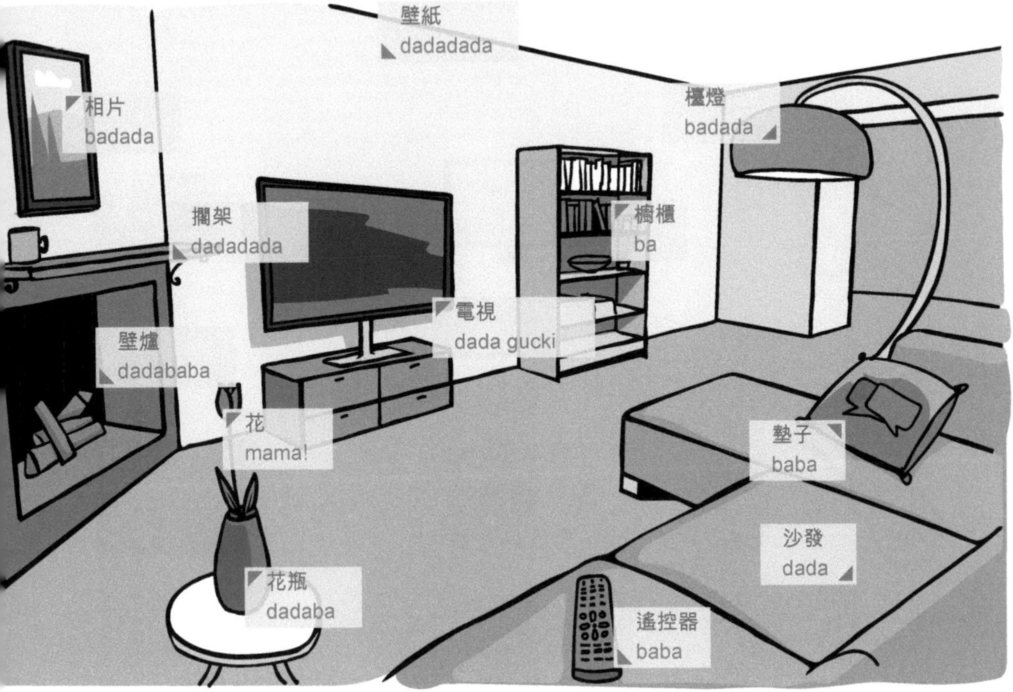

壁紙
dadadada

相片
badada

檯燈
badada

擱架
dadadada

櫥櫃
ba

電視
dada gucki

壁爐
dadababa

花
mama!

墊子
baba

沙發
dada

花瓶
dadaba

遙控器
baba

地毯
dada

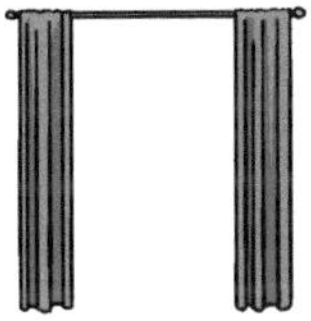

窗簾
bababa

餐桌
ba

椅子
dadaba

搖椅
dadadada

扶手椅
bababa

書
dadaba

毯子
dadadada

裝飾品
dadaba

木柴
ba

電影
dadadada

高傳真音響
lala

鑰匙
babadada

報紙
dadadada

油畫
dadadada

海報
bababa

收音機
lala

筆記本
dadababa

吸塵器
babadada

仙人掌
aua!

蠟燭
babadada

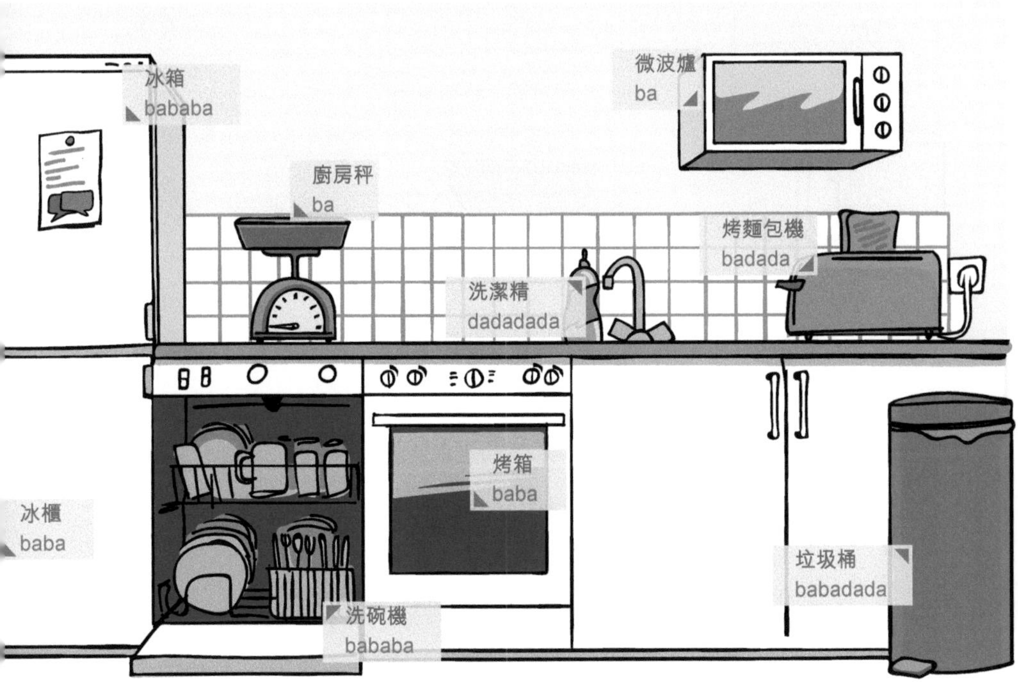

冰箱
bababa

微波爐
ba

廚房秤
ba

烤麵包機
badada

洗潔精
dadadada

烤箱
baba

冰櫃
baba

垃圾桶
babadada

洗碗機
bababa

炊具
dada

鍋
dada

鑄鐵鍋
dada

炒鍋
baba / dada

平底鍋
badada

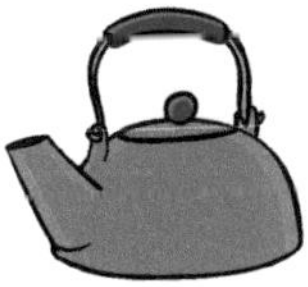

水壺
ba

蒸鍋
dadababa

烤盤
bababa

陶瓷鍋
dadaba

馬克杯
dadadada

碗
dadaba

筷子
baba

長柄勺
dadaba

鏟子
dadadada

攪拌器
badada

濾網
dada

篩子
bababa

磨碎機
baba

研缽
dadababa

燒烤
dada

明火
aua!

菜板

dadababa

擀麵杖

babababa

開瓶器

dadababa

罐子

dadadada

開罐器

bababa

隔熱手套

dadababa

水槽

dadadada

刷子

dadababa

海綿

ba

攪拌機

aua!

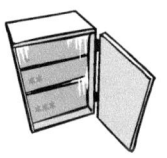

冷藏箱

babadada

奶瓶

bababa

水龍頭

dadadada

浴室

bababa

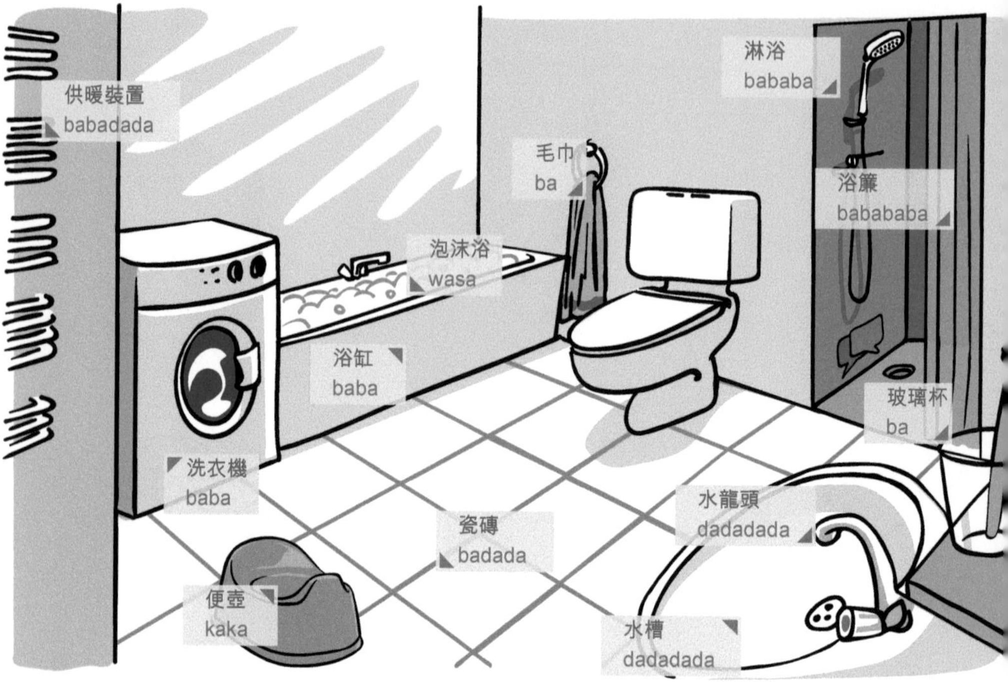

淋浴
bababa
供暖裝置
babadada
毛巾
ba
浴簾
babababa
泡沫浴
wasa
浴缸
baba
玻璃杯
ba
洗衣機
baba
水龍頭
dadadada
瓷磚
badada
便壺
kaka
水槽
dadadada

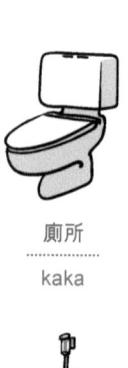

廁所

kaka

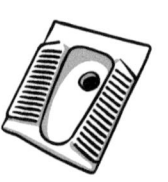

蹲便器

ba

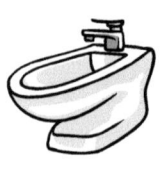

坐浴器

dadababa

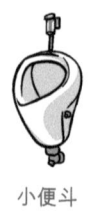

小便斗

dadababa

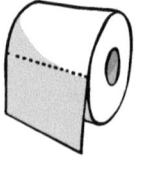

廁紙

kaka

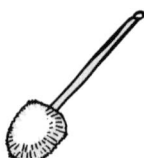

馬桶刷

bababa

牙刷
bababa

牙膏
nom! nom!

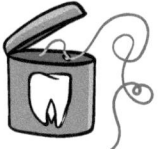

牙線
dadadada

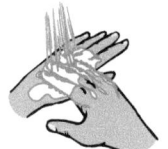

洗
bababa

手持式蓮蓬頭
babababa

沖洗器
dadadada

洗臉盆
badada

洗背刷
dadadada

肥皂
nom! nom!

沐浴露
nom! nom!

洗髮乳
nom! nom!

法蘭絨
babadada

排水
dadaba

乳霜
nom! nom!

除臭劑
babababa

鏡子

dadadada

手鏡

dadadada

刮鬍刀

ba

刮鬍泡沫

nom! nom!

鬍後水

nam! nam!

梳子

dadababa

刷子

baba

吹風機

dadadada

噴髮定型劑

badada

化妝品

dadaba

唇膏

mama!

指甲油

ba

化妝棉

bababa

指甲剪

dadadada

香水

bababa

洗漱包
dadadada

凳子
babababa

計重秤
dadadada

浴袍
ba

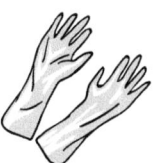

橡膠手套
babababa

衛生棉條
ba

衛生棉
bababa

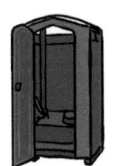

化學廁所
baba

鬧鐘
bababa

毛絨玩具
bababa

玩具車
auto

撥浪鼓
dadadada

玩具屋
bababa

禮物
babababa

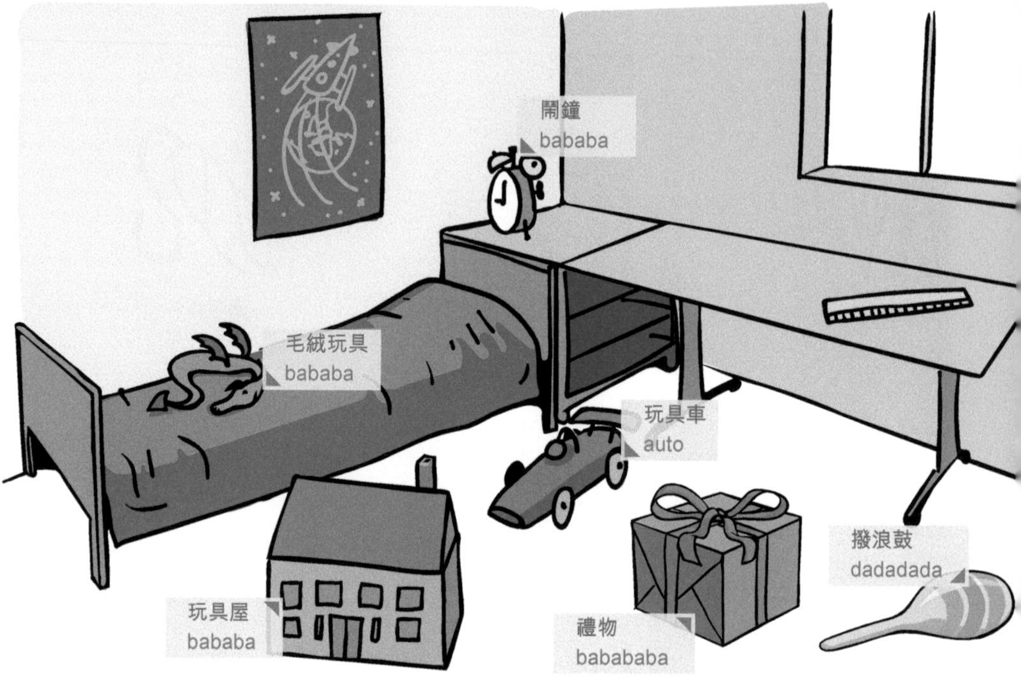

氣球
dadadada

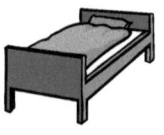

床
heia!

嬰兒車
dadaba

撲克牌
dadababa

拼圖
bababa

漫畫
dadababa

樂高積木

badada

積木玩具

badada

公仔

dada

嬰兒服

dadadada

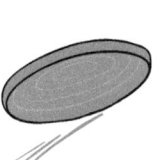

飛盤

dadaba

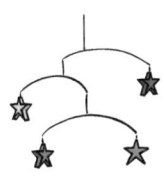

床鈴玩具

dadaba

棋盤遊戲

ba

骰子

baba

火車模型

dadababa

安撫奶嘴

lula

派對

baba

繪本

dadaba

球

dada

洋娃娃

dada

玩

badada

沙坑
dadaba

鞦韆
babababa

玩具
dadababa

電玩遊戲
dadaba

三輪車
babadada

泰迪熊
dadababa

衣櫃
dadaba

衣服
baba

襪子
dadadada

長襪
ba

緊身褲
dada

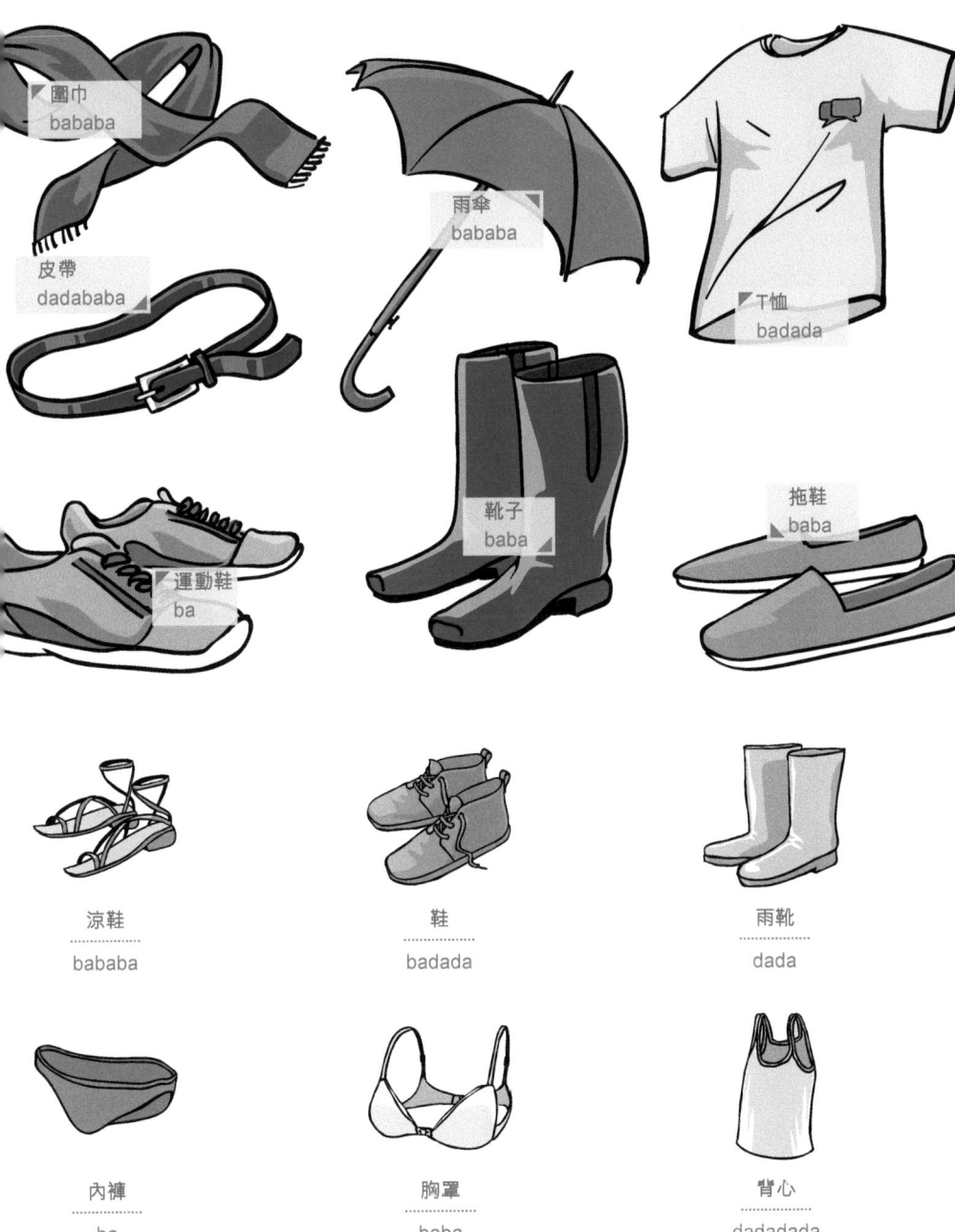

圍巾
bababa

雨傘
bababa

皮帶
dadababa

T恤
badada

拖鞋
baba

靴子
baba

運動鞋
ba

涼鞋	鞋	雨靴
bababa	badada	dada

內褲	胸罩	背心
ba	baba	dadadada

身體

badada

褲子

ba

牛仔褲

bababa

短裙

dada

女式襯衫

bababa

襯衫

dadadada

套頭衫

baba

連帽上衣

baba

西裝夾克

babadada

夾克

baba

外套

bababa

雨衣

dadababa

套裝

bababa

連衣裙

ba

婚紗

dadaba

衣服 - baba

西裝

dadadada

睡袍

babababa

睡衣

heia

莎麗

baba

頭巾

dadadada

包頭巾

dada

波卡

dada

卡夫坦

baba

(阿拉伯式)長袍

dadadada

泳衣

wasa

男式泳褲

bababa

短褲

dadababa

運動服

babababa

圍裙

baba

手套

babababa

鈕扣

dadaba

眼鏡

babadada

手鏈

dada

項鍊

dadababa

戒指

bababa

耳環

dadababa

便帽

dada

衣架

babadada

帽子

dadababa

領帶

bababa

拉鍊

badada

安全帽

dadaba

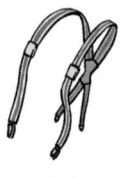

背帶

dada

校服

babadada

制服

babababa

圍兜

namnam

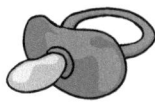

安撫奶嘴

lula

尿布

kaka!

辦公室
baba

伺服器
dadaba

檔案櫃
dadababa

印表機
badada

螢幕
dadadada

紙
dadadada

辦公桌
ba

滑鼠
baba

資料夾
dadaba

鍵盤
dada

椅子
bababa

廢紙簍
babadada

電腦
dada

咖啡杯

dada

計算機

bababa

網際網路

da da

筆記型電腦
papa!

信件
dadababa

簡訊
ba

行動電話
fon

網路
bababa

影印機
ba

軟體
bababa

電話
dada bing

插座
aua!

傳真機
bababa

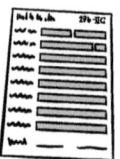

表格
dadaba

檔案
bababa

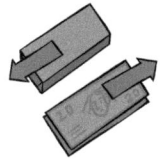

買

baba

付錢

dadadada

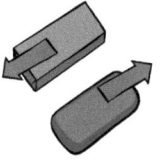

交易

dadaba

現金

badada

美元

babadada

歐元

dadaba

日元

bababa

盧布

ba

瑞士法郎

dada

人民幣

dada

盧比

ba

提款處

ba

外幣兌換處
dadadada

金
dadadada

銀
baba

石油
dadadada

能源
ba

價格
dadadada

合約
baba

稅金
bababa

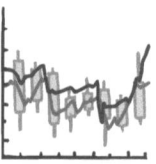

股票
dadadada

工作
dadaba

職員
dadadada

老闆
dadababa

工廠
dadaba

商店
ba

經濟 - badada

警官
baba ◢

消防員
▶ dada

廚師
bababa ◢

醫師
aua! ◢

飛行員
◢ bababa

園丁

babababa

園丁

bababa

木匠

bababa

裁縫

baba

法官

bababa

化學家

dadaba

演員

dadababa

公車司機

ba

計程車司機

auto mann

漁夫

bababa

清洗女工

dadadada

屋頂工

dadadada

服務生

dadadada

獵人

badada

畫家

dadadada

麵包師

dadababa

電工

papa!

建築工人

babababa

工程師

bababa

屠夫

dadababa

水管工

dadadada

郵差

bababa

士兵
dadadada

建築師
ba

收銀員
dadaba

花農
bababa

理髮師
babadada

售票員
bababa

機械技師
dadaba

船長
dada

牙醫
badada

科學家
ba

拉比
bababa

伊瑪目
dadaba

和尚
dada

牧師
dadadada

鐵錘
baba

鉗子
baba

螺絲起子
babababa

扳手
dadababa

手電筒
dadaba

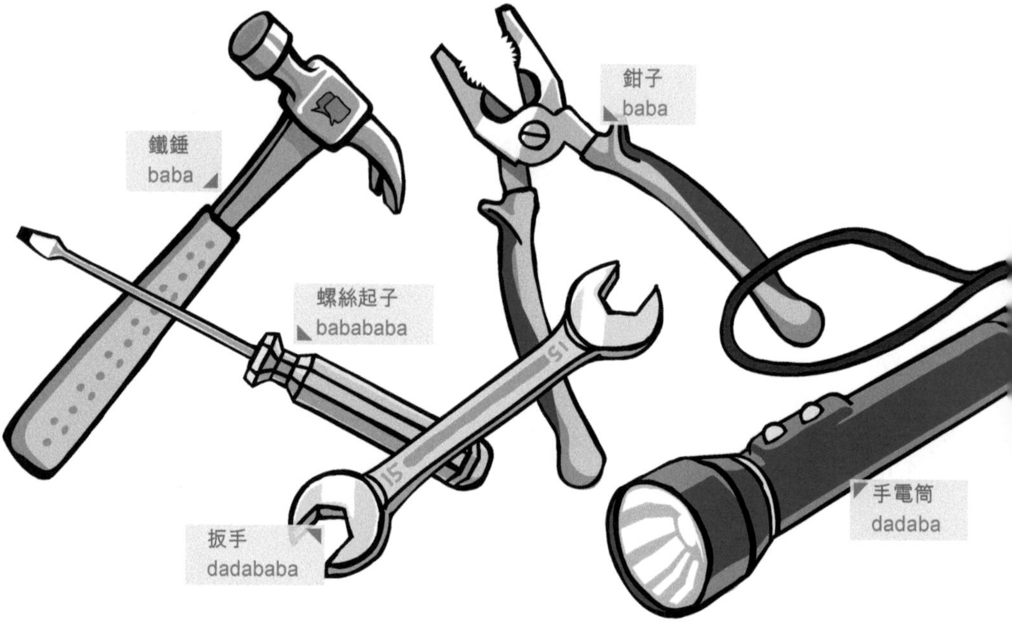

挖掘機

dadaba

工具箱

baba

梯子

babababa

鋸子

dadaba

釘子

babadada

鑽機

dada

修
dadababa

鏟子
dada

糟糕！
aua!

畚箕
dada

油漆桶
dadaba

螺絲
babababa

樂器
bababa

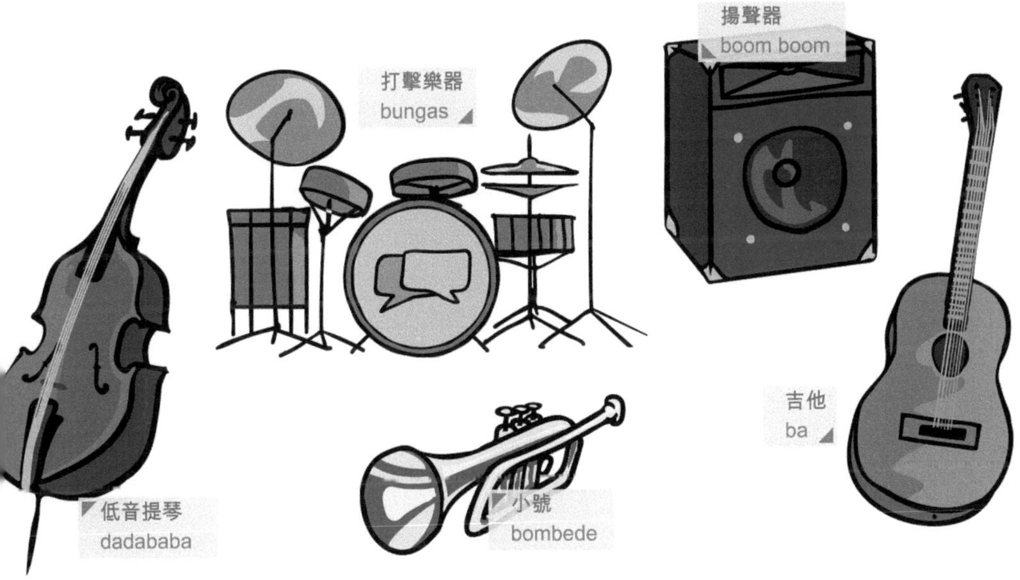

打擊樂器
bungas

揚聲器
boom boom

吉他
ba

低音提琴
dadababa

小號
bombede

鋼琴

bingbing

小提琴

bababa

貝斯

ba

定音鼓

badada

鼓

bunga bunga

電子琴

badada

薩克斯風

dadababa

長笛

dadababa

麥克風

dadadada

入口
baba

老虎
dada mau

籠子
bababa

斑馬
dadababa

動物飼料
babadada

熊貓
dada

動物
dadadada

大象
bababa

袋鼠
dadaba

犀牛
babadada

大猩猩
dada

熊
bababababa

駱駝

dadaba

鴕鳥

gackgack

獅子

babadada

猴子

dadaba

紅鶴

gackgack

鸚鵡

bababa

北極熊

bababa

企鵝

dada

鯊魚

bababa

孔雀

dadaba

蛇

badada

鱷魚

babababa

動物園管理員

dadadada

海豹

dada

美洲豹

bababa

矮種馬
ei!

豹
dadadada

河馬
dada

長頸鹿
bababab

老鷹
bababa

野豬
babadada

魚
nom nom!

龜
dadadada

海象
anje

狐狸
dadadada

羚羊
bababa

橄欖球
dadababa

騎腳踏車
dadaba

網球
bum bum

籃球
ball

游泳
badada

拳擊
aua!

冰球
baba

美式足球

dadadada

羽毛球

badada

田徑

dadababa

手球

ball

滑雪

dadadada

馬球

baba

跳
dada

擁抱
bababa

笑
baba

走路
dada

唱
dadababa

做夢
dadababa

祈禱
dadadada

親吻
mama!

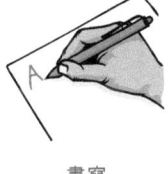

書寫
dadaba

畫
dada

展示
dadababa

推
dada

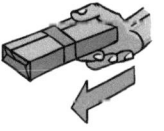

給
badada

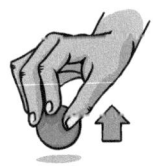

拿
dadaba

有
dadaba

做
dadadada

當
babadada

站
dadadada

跑
baba

拉
dadababa

丟
dadadada

摔倒
dadaba

躺
badada

等待
dadaba

攜帶
bababa

坐
ba

穿衣
dadababa

睡覺
heia!

醒來
bababa

看
bababab

哭
baaaaaa

擊
dadadada

梳頭
bababa

交談
bababa

明白
baba

問
badada

聽
dadababa

喝
bababa

吃
nomnom!

清理
badada

愛
ba

做飯
badada

開車
dadababa

飛
dadadada

航行
dadababa

計算
dadababa

讀
dadadada

學習
dadababa

工作
dadaba

結婚
baba

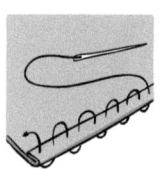

縫
dada

刷牙
aua!

殺
aua!

抽菸
dadababa

寄
babababa

dadababa

祖母
oma!

祖父
opa!

父親
papa!

母親
mama!

嬰兒
bebi

女兒
ba

兒子
badada

客人

baba

阿姨

ba

叔叔

bababa

兄弟

neın!

姐妹

nein!

前額
bababa

眼睛
dada

肩膀
bababa

臉
dada

手指
dada

下巴
dadababa

手
baba

乳房
da

腿
dadaba

手臂
bababa

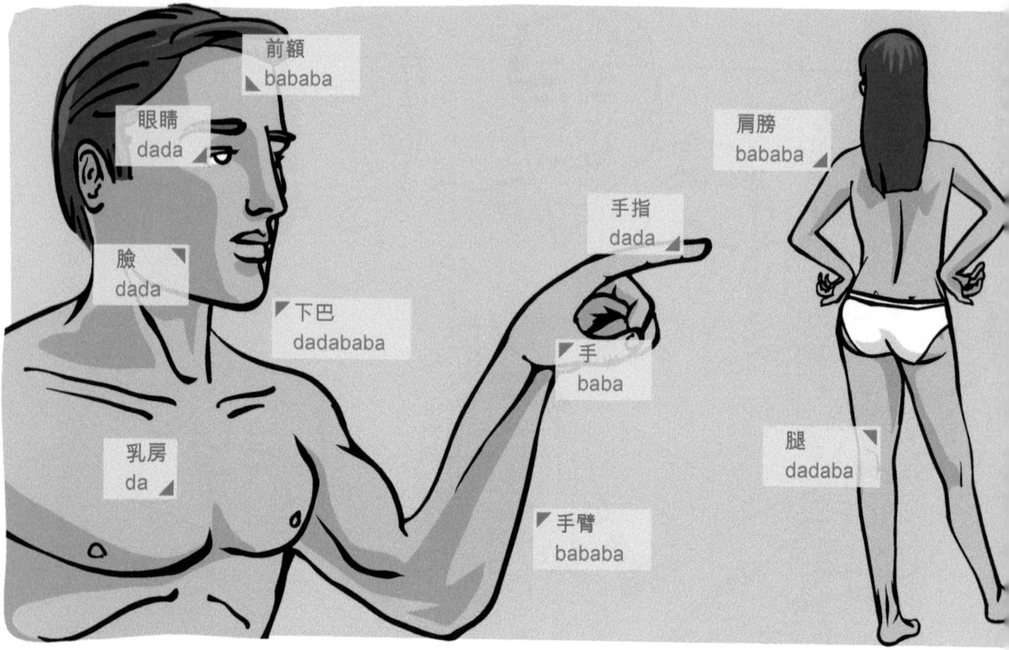

嬰兒

bebi

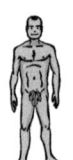

男人

papa!

女人

mama

女孩

baba

男孩

babadada

頭

bababa

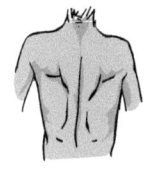

背部
baba

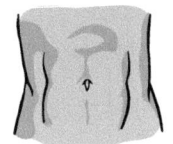

肚子
dadababa

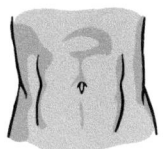

肚臍
dada

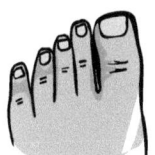

腳趾
dadababa

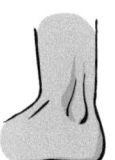

腳後跟
ba

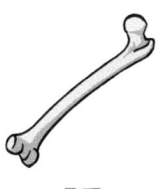

骨頭
badada

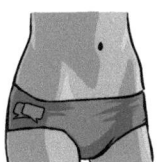

臀部
bababa

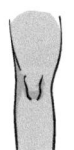

膝蓋
dada

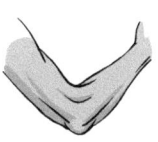

手肘
dadadada

鼻子
bababa

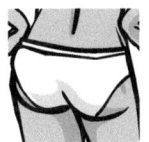

屁股
popo

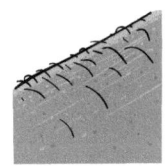

皮膚
dadaba

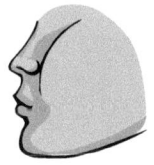

臉頰
badada

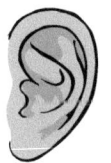

耳朵
dada

嘴唇
babababa

嘴
dadababa

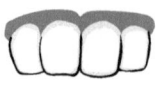

牙齒
dadadada

舌頭
baba

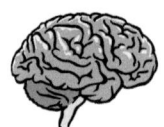

腦
dadadada

心臟
baba

肌肉
dada

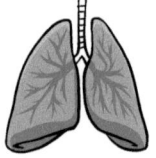

肺
dada

肝臟
dada

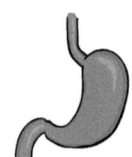

胃
dadababa

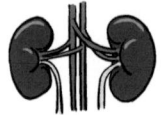

腎臟
dadaba

性交
babadada

保險套
dada

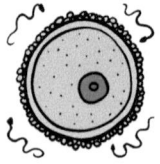

卵子
badada

精子
dadababa

懷孕
dadababa

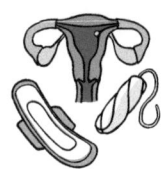

月事
....
ba

陰道
....
mumu

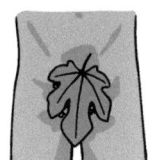

陰莖
....
pipi

眉毛
....
dada

頭髮
....
dadababa

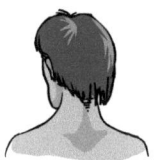

脖子
....
bababa

aua!

醫院
aua!

急救車
ba

輪椅
aua!

骨折
aua!

醫師

aua!

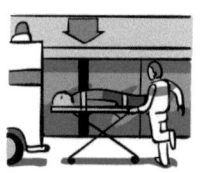

急診室

aua!

護理師

aua!

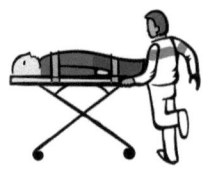

緊急情形

aua!

昏迷

aua!

痛

dadababa

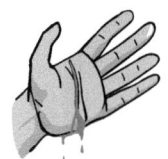

受傷

aua!

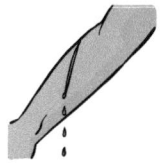

出血

dadadada

心臟病發作

aua!

中風

aua!

過敏

dadababa

咳嗽

aua!

發燒

aua!

流感

aua!

腹瀉

aua!

頭痛

aua!

癌症

aua!

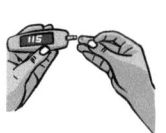

糖尿病

aua!

外科醫師

aua!

手術刀

aua!

手術

aua!

電腦斷層掃描

aua!

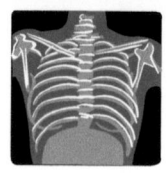

X光

aua!

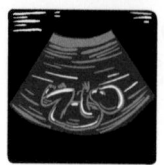

超音波

aua!

口罩

aua!

疾病

aua!

候診室

aua!

拐杖

aua!

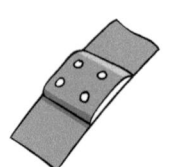

石膏

aua!

繃帶

dadababa

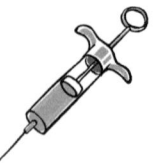

注射

aua!

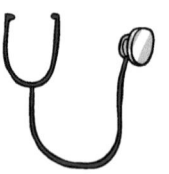

聽診器

aua!

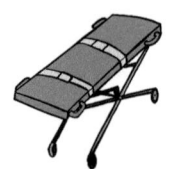

擔架

aua!

體溫計

aua!

出生

aua! bebi!

超重

aua!

助聽器

aua!

消毒液

aua!

感染

aua!

病毒

aua!

愛滋病

aua!

藥物

aua!

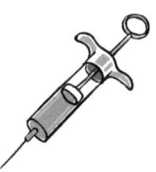

接種疫苗

aua!

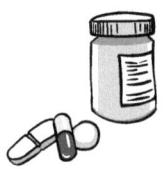

藥片

aua!

藥丸

dadaba

急救電話

aua!

血壓計

aua!

生病/健康

da / ba

救命！

aua!

警報

aua!

突擊

aua!

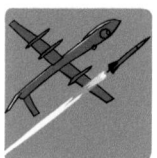

攻擊

aua!

危險

aua!

緊急出口

dadadada

失火了！

dadaba

滅火器

dadaba

意外

aua! aua!

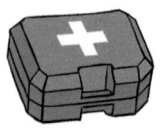

急救箱

aua!

呼救訊號

baba

員警

dadadada

歐洲

badada

北美洲

dadaba

南美洲

dadababa

非洲

dadaba

亞洲

dadaba

澳洲

babababa

大西洋

badada

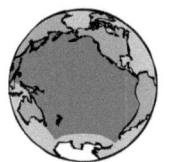

太平洋

dadaba

印度洋

baba

南冰洋

bababa

北冰洋

dadababa

北極

bababa

南極

dadababa

南極洲

dadaba

地球

dada

陸地

dadaba

海

badada

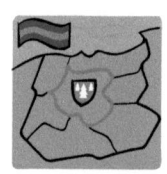

島

dadadada

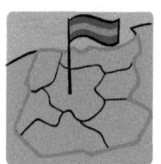

國家

dadadada

州

dadababa

錶盤
baba

時針
babadada

分針
baba

秒針
bababa

現在幾點？
dadababa

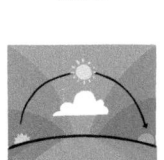

天
babadada

時間
dada

現在
baba

電子錶
dadababa

分
dadababa

時
bababa

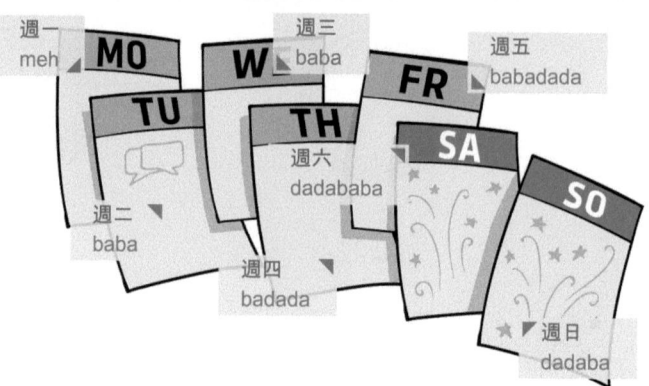

週一 meh
週三 baba
週五 babadada
週二 baba
週四 badada
週六 dadababa
週日 dadaba

昨天

dadadada

今天

dadababa

明天

dadaba

早晨

baba

中午

baba

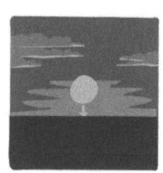

晚上

dadadada

工作日

dada

週末

baba

雨
► dadababa

彩虹
► dadaba

雪
► kalt

風
► dadadada

春
dadadada

秋
► bababa

夏
badada

冬
► kalt

天氣預告

dadababa

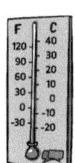

溫度計

bababa

陽光

ba

雲

baba

霧

dadadada

潮濕

dada

閃電

dadababa

打雷

dada

風暴

badada

冰雹

dadababa

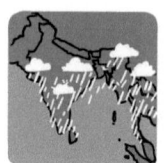

季風

bababa

洪水

dadaba

冰

dadadada

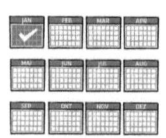

一月

dadaba

二月

dadaba

三月

bababa

四月

dadadada

五月

dadadada

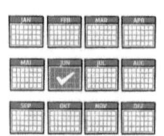

六月

babababa

七月

baba

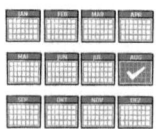

八月

bababa

九月
....
dadadada

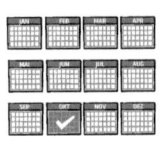

十月
....
badada

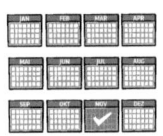

十一月
....
dadababa

十二月
....
baba

形狀
dadababa

圓形
....
baba

正方形
....
badada

長方形
....
dadababa

三角形
....
babababa

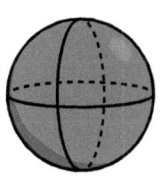

球體
....
dadadada

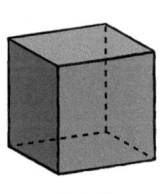

立方體
....
bababababa

dadababa

白
....
dadababa

黃
....
babababa

橙
....
baba

粉
....
dadadada

紅
....
babadada

紫
....
dadababa

藍
....
dadadada

綠
....
ba

棕
....
baba

灰
....
bababa

黑
....
badada

很多/少許

da / ba

生氣/平靜

da / ba

美/醜

da / ba

首/尾

da / ba

大/小

da / ba

明/暗

da / ba

兄弟/姐妹

da / ba

乾淨/骯髒

da / ba

完整/缺失

da / bada

白天/晚上

da / ba

死/生

da / ba

寬/窄

da / ba

可食用/非食用

da / ba

邪惡/善良

da / ba

興奮/無聊

ba / ba

胖/瘦

da / ba

第一/最後

ba / ba

朋友/敵人

da / bada

滿/空

da / ba

硬/軟

da / ba

重/輕

da / ba

餓/渴

da / bada

生病/健康

da / ba

非法/合法

da / ba

聰明/愚笨

da / ba

左/右

ba / ba

近/遠

da / ba

新/舊

da / bada

沒有/有些

da / ba

老/幼

ba / ba

開/關

da / ba

打開/闔上

da / ba

安靜/吵鬧

da / ba

富/窮

ba / ba

對/錯

da / ba

粗糙/光滑

da / ba

傷心/高興

ba / ba

短/長

da / ba

慢/快

da / ba

濕/乾

da / bada

溫暖/涼爽

da / bada

戰爭/和平

da / ba

0

零

dada

1

一

a

2

二

ba

3

三

da ba da

4

四

badabada

5

五

dadababa

6

六

dadaba

7

七

badada

8

八

dadababa

9

九

dadaba

10

十

dadadada

11

十一

badada

12

十二
baba

13

十三
bababa

14

十四
baba

15

十五
babadada

16

十六
dadababa

17

十七
babababa

18

十八
dadababa

19

十九
bababa

20

二十
dadababa

100

百
baba

1.000

千
baba

1.000.000

百萬
dadababa

英語

baba

美式英語

babadada

普通話

dadababa

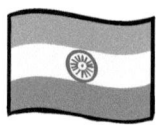

印地語

ba

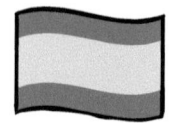

西班牙語

badada

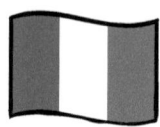

法語

ohlala

阿拉伯語

babadada

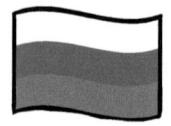

俄語

dadaba

葡萄牙語

dada

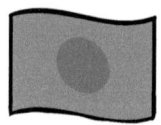

孟加拉語

dadadada

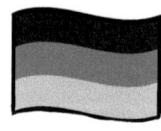

德語

badada

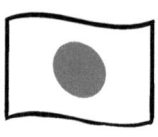

日語

dadadada

我

a

你

dadadada

他/她/它

da / da / da

我們

o ba ma

你們

babababa

他們

baba

誰？

dadadada

什麼？

dadadada

如何？

baba

何處？

bababababa

何時？

babadada

名字

dadaba

方位

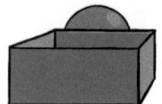

後面

baba

裡面

dadaba

前面

baba

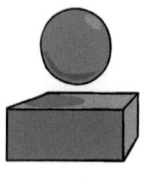

上方

ba

上面

baba

下麵

dadababa

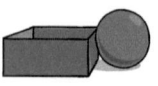

旁邊

babababa

中間

ba

地點

dada